AMÉRICA SALVAJE

LOS SAPOS

Por Lee Jacobs

THOMSON
★
GALE

San Diego • Detroit • New York • San Francisco • Cleveland • New Haven, Conn. • Waterville, Maine • London • Munich

Para
Jake

For more information, contact
The Gale Group, Inc.
27500 Drake Rd.
Farmington Hills, MI 48331-3535
Or you can visit our Internet site at http://www.gale.com

Photo Credits: Cover © Thomas Kitchin & Victoria Hurst; back cover © PhotoDisc; pages 3, 4, 9, 14, 15, 16, 21 © Corel Corporation; pages 5, 10, 11 © Joyce Gross Photography; page 5 © John H. Tashjian, CalAcademy Special Collections, California Academy of Sciences; page 6 © Alan Resetar; pages 7, 8, 12-13, 17, 22-23 © CORBIS; pages 8, 16, 17, 18 © John White; page 19 © PhotoResearchers; page 20 © Robert Byrnes

LIBRARY OF CONGRESS CATALOGING-IN-PUBLICATION DATA

Jacobs, Lee.
[Toad.Spanish]
 Los Sapos / by Lee Jacobs.
  p. cm. — (América.Salvaje)
Includes bibliographical references.
Summary: Examines the toad's environment, anatomy, social life, food, mating habits, and relationship with humans.
 ISBN 1-4103-0278-4 (hardback : alk, paper)
 1. Toad—Juvenile literature. [1. Toad. 2. Spanish language materials] I. Title. II. Series.

Contenido

Introducción

En el reino animal, hay aproximadamente 3,500 especies de ranas y 300 especies de sapos. Las ranas y los sapos son los dos anfibios. Esto significa que ambos pueden vivir o en la tierra o en el agua. Los anfibios son animales de sangre fría. Los animales de sangre caliente, como el hombre y otros mamíferos, mantienen una temperatura corporal constante. La temperatura corporal del animal de sangre fría cambia conforme al ambiente en que se encuentra. Cuando el aire se pone frió, su temperatura baja. Cuando el aire se pone cálido, su temperatura aumenta.

Los sapos son anfibios. Pueden vivir o en la tierra o en el agua.

Debido a que las ranas y los sapos son parientes cercanos, la gente muy a mundo los confunde. En realidad son dos animales diferentes. Hay varias formas de distinguir una rana de un sapo. Las ranas tienen piel suave y húmeda mientras los sapos tienen piel seca y tosca. Las ranas tienen patas traseras que les ayudan a brincar altamente. Las patas traseras del sapo son más cortas y mejores para caminar y saltar. Las ranas son palmípedos y los sapos no. Las ranas tienen dientes y los sapos no. Las ranas tienen que pasar mucho tiempo en el agua. Los sapos se pueden encontrar lejos de cualquier reserva de agua y no dependen del agua tanto como las ranas.

Los sapos viven por todo el mundo, en cada continente menos Antártica. Se encuentran en todas partes de Norteamérica. Varias especies de sapos se encuentran frecuentemente a través de los Estados Unidos y Canadá.

Los sapos tienen patas más cortas que las ranas.

Los sapos tienen piel seca y tosca.

El Hábitat del Sapo

Los sapos viven en muchos lugares diferentes. Algunos sapos cavan en la tierra. Algunos viven en árboles. Otros viven a la orilla de ríos o lagos. Los sapos pueden vivir en comunidades suburbanas, parques, bosques, pantanos, montañas, y desiertos. ¡Los sapos se encuentran en casi cualquier lugar!

Los pantanos y las ciénagas son unos de los varios hábitats en que los sapos viven.

En zonas cálidas, los sapos se mantienen frescos cavando o arrastrándose en troncos u otros refugios.

Los sapos que viven en climas fríos hibernan. Esto significa que se duermen durante los meses de invierno. Varios animales de sangre fría hibernan para sobrevivir en el frío. Los sapos cavan hasta 12 pulgadas (30 centímetros) en la tierra. La respiración, la circulación de la sangre, y la digestión del sapo disminuyen mientras hibernan.

Los sapos que viven en el desierto no hibernan. Pero sí pueden con el extremo calor de una forma similar a hibernar. Cavan en lodo fresco, y las funciones del cuerpo disminuyen. Este tipo de descanso se llama estivar.

El Cuerpo del Sapo

Los sapos tienen cuerpos rechonchos que varían de 1 a 10 pulgadas (2.5 a 25 centímetros) de largo. Las hembras generalmente son más grandes que los machos. Muchos sapos son de colores cafés, grises, o verdes. Algunas especies tienen marcas de colores más vivos. El cuerpo de la hembra de tales especies tiene más colores que lo del macho. Muchos sapos tienen verrugas en la piel. Estas protuberancias se llaman tubérculos. No es cierto que la gente puede infectarse de las verrugas a tocar al sapo.

Abajo izquierda: El cuerpo del sapo es generalmente corto y rechoncho. Abajo: Muy a menudo las hembras tienen marcas de colores más vivos que los machos. Opuesto: Ojos grandes le dan buena vista al sapo.

Los sapos tienen excelente vista. Los ojos del sapo resaltan y se sitúan bien separados en la cara. Esto le ayuda a ver hacia todas direcciones. ¡Incluso puede ver algo que esté detrás o arriba de él. Los sapos tienen dos párpados como otros animales. Pero también tienen un tercero párpado transparente a través de cual pueden ver. Este párpado cubre y protege los ojos del sapo debajo del agua.

9

Las orejas del sapo se llaman tímpanos. El tímpano es diferente de otros tipos de oreja porque no tiene abertura y no resalta de la cabeza. El tímpano funciona como un tambor. Ondas sonoras rebotan de la delgada piel del tímpano, haciendo que la piel vibre. El sapo siente la vibración. El tímpano parece a un círculo de piel al lado de la cabeza del sapo.

El círculo de piel detrás del ojo del sapo es su tímpano.

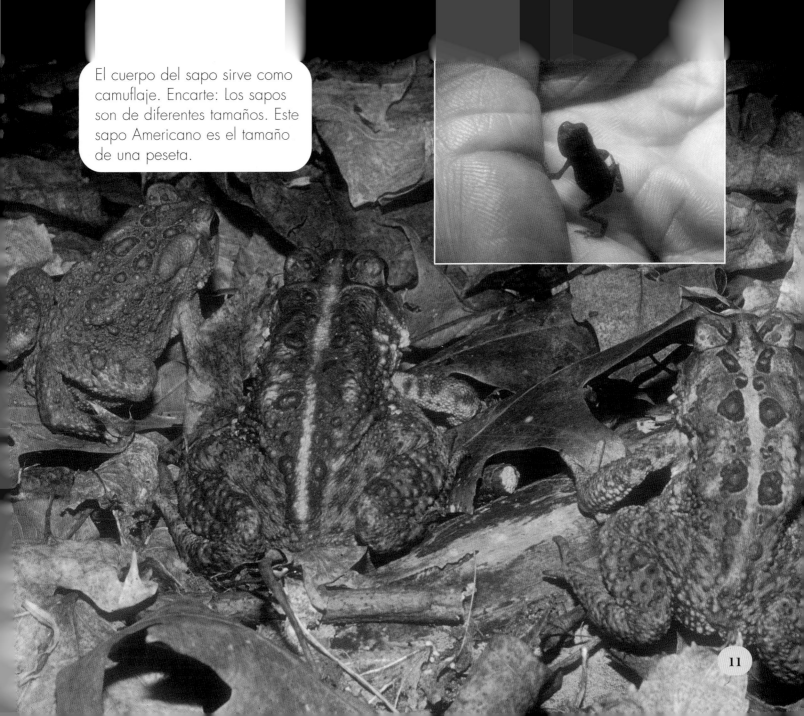

El cuerpo del sapo sirve como camuflaje. Encarte: Los sapos son de diferentes tamaños. Este sapo Americano es el tamaño de una peseta.

11

La Vida Social

Los sapos no viven en grupos. Sin embargo, de vez en cuando se puede ver muchos sapos juntos. En áreas calientes y secas, los sapos cavan en la tierra para protegerse del calor. Después de una fuerte lluvia, muchos vienen a la superficie para absorber el agua. Durante la época de celo, puede ser que un grupo de machos se junte cerca del agua y cante para atraer parejas.

Los sapos usan sus voces para comunicarse. El sapo macho croa fuerte en busca de una hembra. Por lo general, los machos emiten sonidos más fuertes que las hembras. Cada especie tiene sus propios sonidos. Algunos croan, algunos zumban, y otros hacen un tipo de trino.

Los sapos usan llamadas vocales para comunicarse.

Los sapos emiten sonidos con la bolsa membranosa de voz en la garganta. Esta bolsa está hecha de piel que se extiende como un globo mientras se llena de aire. El aire que llena la bolsa membranosa toca las cuerdas vocales del animal y las hace resonar. Esto produce el sonido de croar.

Cazadores Y Asaltantes

Los sapos son carnívoros, lo que significa que comen carne. También son animales nocturnos. Cazan comida por la noche y duermen durante el día. Los sapos comen casi tan frecuentemente como puedan encontrar comida. Los adultos comen una variedad de insectos, gusanos, caracoles, y pequeños roedores como ratones y ratas. El sapo joven, o el renacuajo, come plantas principalmente.

La excelente vista del sapo le ayuda a encontrar comida. Los sapos también usan su agudo olfato mientras cazan. El sapo se sentará completamente inmóvil y parecerá como si no observara a su rapiña (un animal cazado como comida). Cuando la rapiña se acerca, el sapo saltará. ¡Una lengua larga y pegajosa se lanza y agarra a la rapiña!

Izquierda y abajo: Los sapos son carnívoros, lo que significa que comen carne. Ellos se tragan entera a su rapiña.

14

Los sapos se protegen de sus depredadores (animales que cazan a otros para alimentarse) en varias formas. Cuando el sapo se encuentra en peligro, muy a menudo se queda inmóvil. Algunos tipos de sapos pueden asustar los depredadores hinchando su cuerpo para parecer más grandes de lo que son. Muchos sapos tienen excelente camuflaje. El camuflaje consiste en marcas que les ayudan a mezclarse con su ambiente. Esta capacidad de inmovilizarse mientras se armonizan con su ambiente les ayuda a evitar a los enemigos.

Los sapos también tienen un arma de defensa muy útil. Tienen dos glándulas cerca de los hombros que producen veneno. Las verrugas del sapo también contienen el veneno. El veneno puede hacer daño a la piel de cualquier animal que toca al sapo. Los animales que comen sapos típicamente se enferman. Sólo pocos animales, como las mofetas, los mapaches, y los serpientes, no se molestan por el veneno del sapo. El sapo del rió de Colorado es uno de los sapos de Norteamérica más venenosos.

Glándulas venenosas en la piel protegen el sapo de enemigos.

El Juego de Apareamiento

Los sapos no se relaciona mucho antes de la época de celo. Cuando empieza esta época depende de la especie y de la región del país donde viva. En regiones norteñas de los Estados Unidos, los sapos generalmente se aparean una vez por año, en la primavera. En regiones del sur, los sapos pueden aparearse varias veces por año. En áreas secas como el suroeste, el apareamiento solamente ocurre después de que haya caído suficiente lluvia para crear charcos.

La lluvia es integrante para el apareamiento porque las hembras ponen sus huevos en el agua.

Cuando los sapos quieren aparearse, el macho puede viajar hasta 1 milla (1.6 kilómetros) en busca de agua. Entonces empieza a llamar en busca de una hembra. El macho cantará fuerte hasta que una hembra que esté lista para aparearse se le aproxime. A muchos sapos cantando juntos se les conoce como un coro de cría.

El proceso de apareamiento se llama amplexus. El sapo macho trepa por encima de la hembra y se agarra de ella hasta que ella ponga sus huevos, o desove, en el agua. La hembra pone huevos en dos largos hilos cubiertos de una sustancia gelatinosa. Cada hilo puede medir más de 4 pies (1.2 metros) de largo y puede contener miles de huevos. El macho entonces fecunda los huevos con su esperma. Los depredadores se comerán muchos de los huevos. Pocos cientos saldrán de sus huevos en el agua dentro de 3 a 12 días.

Arriba: Los sapos machos trepan por encima de las hembras. **Arriba:** Algunas hembras, como este sapo partero, cargan los huevos fecundados en la espalda.

Izquierda: La bolsa membranosa del macho se llena con aire para producir una fuerte llamada de apareamiento. **Encarte:** Los machos y las hembras por lo general se juntan solamente durante la época de celo.

17

Los Renacuajos

Cuando llega el momento en que los jóvenes sapos salen de los huevos, cada uno se ha convertido en un pequeño animal que se llama un renacuajo. A diferencia de los sapos adultos, los renacuajos no pueden sobrevivir en la tierra. Los renacuajos respiran debajo del agua a través de branquias. En lugar de patas, el renacuajo tiene una cola larga que le ayuda a nadar. Los renacuajos comen principalmente algas e insectos muertos.

Como renacuajos, los jóvenes sapos solamente pueden sobrevivir en el agua.

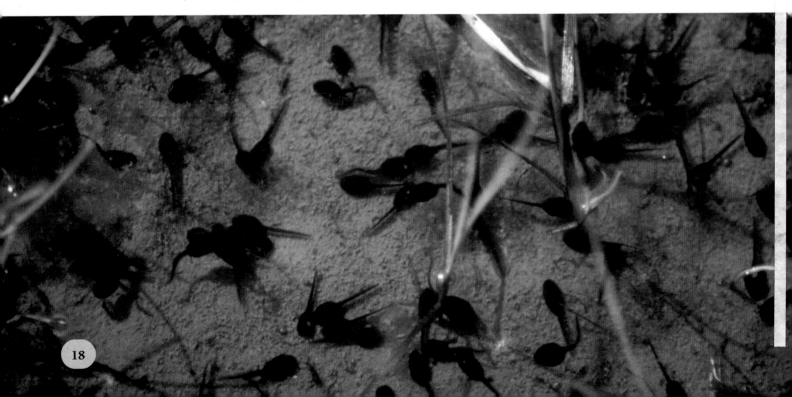

Tres semanas después de salir del huevo, el renacuajo empieza a convertirse en un sapo adulto. Este cambio se llama metamorfosis. Al renacuajo las patas le empiezan a crecer dentro de 3 a 5 semanas. También empieza a perder sus branquias y a desarrollar pulmones para poder respirar fuera del agua. Durante las próximas 4 a 5 semanas, las patas crecen más largas y su cola se encoge.

Derecha y abajo: Para convertirse en adultos, a los renacuajos les crecen patas y desarrollan pulmones para respirar en la tierra.

Dentro de 10 semanas, la cola del renacuajo completamente desaparece. Cuando el renacuajo se ha convertido en sapo, sale del agua y empieza su vida en la tierra.

Los adultos parecen muy diferentes de como parecían al nacer.

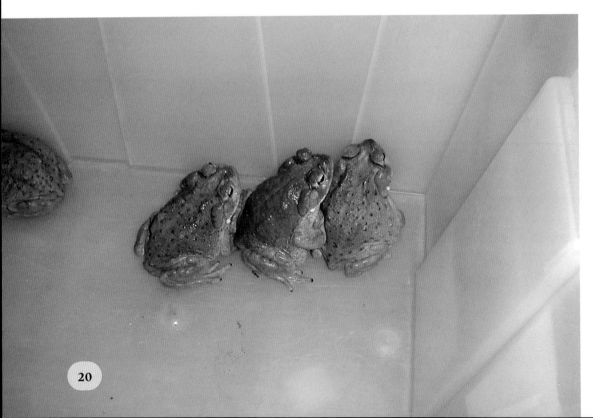

El sapo pasa la mayoría de su vida en la tierra.

Los Sapos y El Hombre

Los sapos son beneficiosos al hombre porque controlan las poblaciones de insectos. Es por eso que a mucha gente le da gusto tener sapos en sus patios. ¡Un solo sapo puede comer miles de bichos al mes! Este control natural contra los insectos también ayuda a los granjeros a proteger sus cultivos.

A mucha gente le gusta atrapar anfibios y guardarlos como mascotas. Los niños a veces atrapan los renacuajos en charcas y riachuelos y los ponen en acuarios. Esto puede ser una forma interesante de aprender sobre los cambios que occuren con los anfibios. Cuando el renacuajo se convierte en sapo, es mejor devolverlo al lugar del que vinó y liberarlo en la naturaleza.

Los sapos ayudan al hombre porque controlan las poblaciones de insectos.

Glosario

amplexus el proceso de apareamiento de la rana y el sapo

anfibio un animal de sangre fría que vive tanto en la tierra como en el agua

camuflaje cualquier acción o apariencia que ayuda a esconder un animal en su ambiente

carnívoro un animal que come carne principalmente

coro de cría un grupo de ranas o sapos machos que canta la llamada de apareamiento

depredador un animal que caza a otro para alimentarse

estivar descansar en un clima caliente para dejar que el cuerpo se enfríe; dormir durante el verano

hibernar dormir durante el invierno

metamorfosis cambios físicos que transforman a un huevo en renacuajo y a éste en anfibio adulto

nocturno un animal que duerme durante el día y está activo de noche

rapiña un animal cazado por otro animal

renacuajo el organismo que nace del huevo de la rana o el sapo

tímpano las orejas de la rana o el sapo

tubérculo protuberencias en la piel del sapo

Para Más Información

Libros

Fowler, Allan. *Frogs and Toads and Tadpoles, Too!* (Rookie Read-About Science). Chicago, IL: Childrens Press, 1994.

Merrick, Patrick. *Toads* (Naturebooks). Chanhassen, MN: Child's World, 1999.

Miller, Sara Swan. *Frogs and Toads: The Leggy Leapers* (Animals in Order). Danbury, CT: Franklin Watts, 2000.

Pascoe, Elaine. *Tadpoles* (Nature Close-Up). San Diego: Blackbirch Press, 1999.

Índice

DON'T SAY A WORD, MAMÁ

NO DIGAS NADA, MAMÁ

Rosa and Blanca were sisters and they loved each other very much.

If their mother sent Rosa to the store to buy flour for tortillas, Blanca would say, "Wait, Rosa. I'll go with you." If their mother told Blanca to sweep the sidewalk in front of the house, Rosa would say, "Wait, Blanca. I'll help you sweep."

Rosa y Blanca eran hermanas que se querían muchísimo.

Si su mamá mandaba a Rosa ir a la tienda para comprar harina para hacer las tortillas, Blanca decía: "Espérate, Rosa, yo te acompaño". Si la mamá le decía a Blanca que barriera la banqueta frente a la casa, Rosa decía: "Espérate, Blanca. Yo te ayudo".

Their mother was very proud of them. She would always say, "My daughters are so good to each other! I must be the luckiest mother in this town. No. I'm the luckiest mother in this country. No. I think I'm the luckiest mother in the whole wide world!"

La mamá estaba muy orgullosa de sus hijas. Siempre decía: "Mis hijas se tratan con tanto cariño. Creo que soy la mamá más afortunada del pueblo. No. Soy la mamá más afortunada del país. No. ¡Soy la mamá más afortunada de todo el mundo!"

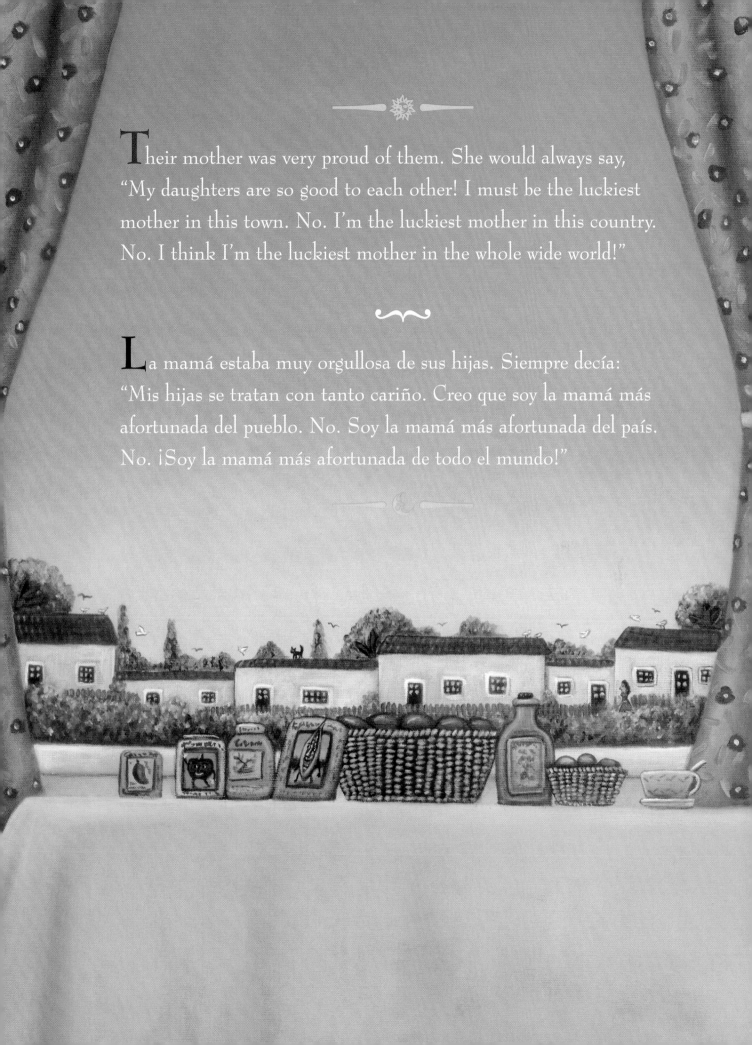

When Rosa grew up, she got married. She and her husband had three children. She lived with her family in a little house just down the street from her mother.

When Blanca grew up, she didn't get married. She lived alone in a little house just up the street from her mother.

Cuando Rosa ya era grande, se casó. Ella y su marido tuvieron tres hijos. Vivía con su familia en una casita un poquito calle abajo de su madre.

Cuando Blanca era grande, no se casó. Vivía sola en una casita un poquito calle arriba de su madre.

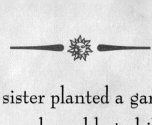

One year, each sister planted a garden. They planted corn and tomatoes and good hot chiles. When the tomatoes were fat and ripe, Rosa helped Blanca pick the tomatoes in her garden. Then Blanca helped Rosa pick her tomatoes.

Un año, cada hermana sembró una hortaliza. Sembraron maíz y tomates y buen chile picante. Cuando los tomates estaban gordos y rojos, Rosa ayudó a Blanca a recoger los tomates de su huerta. Luego Blanca ayudó a Rosa a recoger sus tomates.

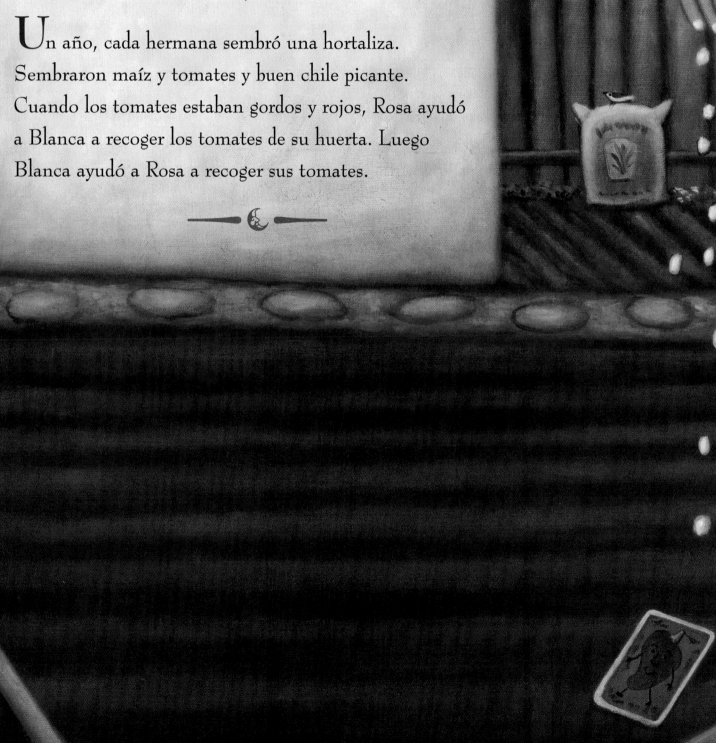

Of course, Rosa took some of her tomatoes to her old mother. And then she told her, "My poor sister Blanca lives all alone. She has no one to help her. I have a husband and three helpful children. I'm going to give half of my tomatoes to my sister. But it will be a surprise. Don't say a word, Mamá."

Of course, Blanca took some of her tomatoes to her old mother too. She told her, "My poor sister Rosa has a husband and three children. There are five to feed in her house. I have only myself. I'm going to give half of my tomatoes to my sister. But it will be a surprise. Don't say a word, Mamá."

Por supuesto, Rosa llevó una parte de sus tomates a su mamá, ya viejita. Luego, le dijo: —Mamá, mi pobre hermana Blanca vive sola. No tiene quién la ayude. Yo tengo esposo y tres hijos que me ayudan. Le voy a dar la mitad de mis tomates a mi hermana. Pero quiero que sea sorpresa. No digas nada, mamá.

Por supuesto, Blanca también llevó una parte de sus tomates a
su mamá. Le dijo: —Mi pobre hermana Rosa tiene esposo y tres hijos.
Son cinco los que se tienen que alimentar en su casa—en la mía,
únicamente yo. Le voy a dar la mitad de mis tomates a mi hermana.
Pero quiero que sea sorpresa. No digas nada, mamá.

Late that night Rosa filled a basket with tomatoes. She started toward Blanca's house. Blanca filled a basket with tomatoes and started toward Rosa's house. The night was dark. The sisters didn't see each other when they passed right in front of their mother's house. Rosa added her tomatoes to the pile of tomatoes in Blanca's kitchen. Blanca added her tomatoes to the pile in Rosa's kitchen.

Muy entrada la noche, Rosa llenó una cesta de tomates y se encaminó hacia la casa de Blanca. Blanca llenó una cesta de tomates y se encaminó hacia la casa de Rosa. La noche estaba oscura. Las hermanas no se vieron cuando se cruzaron delante de la casa de su madre. Rosa añadió sus tomates al montón en la cocina de Blanca. Blanca añadió sus tomates al montón en la cocina de Rosa.

The next morning Rosa looked at her pile of tomatoes. *"Híjole!"* she said. "How can I have so many tomatoes? Did my tomatoes have babies during the night? I'd better give some more of these tomatoes to my mother."

The next morning Blanca looked at her pile of tomatoes. *"Híjole!"* she said. "How can I have so many tomatoes? Did they all get so fat they split in two? I'd better give some more of these tomatoes to my mother."

A la mañana siguiente Rosa miró su montón de tomates. Se dijo:
—¡Híjole! ¿Cómo puedo tener tantos tomates? ¿Es que mis tomates tuvieron bebés en la noche? Vale más que le lleve más tomates a mamá.

A la mañana siguiente Blanca vio su montón de tomates. Se dijo:
—¡Híjole! ¿Cómo puedo tener tantos tomates? ¿Es que se engordaron tanto que cada uno se partió en dos? Vale más que le lleve más tomates a mamá.

Mamá now had a very big pile of tomatoes in her kitchen. She shrugged her shoulders. "Oh, well," she said, "you can never have too many tomatoes."

La mamá ya tenía un montón muy grande de tomates en su cocina. Se encogió de hombros y dijo: —Bueno, no se puede tener demasiados tomates.

When the ears of corn were firm and full, Rosa helped Blanca pick her corn. Then Blanca helped Rosa pick hers.

Rosa took some of her corn to her mother. She told her, "I'm going to give half of my corn to Blanca. It will be a surprise. Don't say a word, Mamá."

Blanca took some of her corn to her mother. She told her, "I'm going to give half of my corn to Rosa. It will be a surprise. Don't say a word, Mamá."

Cuando las mazorcas estaban firmes y maduras, Rosa ayudó a Blanca a cosechar su maíz. Luego, Blanca ayudó a Rosa a cosechar el suyo.

Rosa llevó una parte de su maíz a su madre. Le dijo: —Le voy a dar la mitad de mi maíz a Blanca. Será una sorpresa. No digas nada, mamá.

Blanca llevó una parte de su maíz a su madre. Le dijo: —Le voy a dar la mitad de mi maíz a Rosa. Será una sorpresa. No digas nada, mamá.

Each sister filled a basket with corn. That night Rosa went to Blanca's house. Blanca went to Rosa's house. The night was dark. The sisters didn't see each other when they passed right in front of their mother's house.

Rosa added her corn to the corn in Blanca's house. Blanca added her corn to the corn in Rosa's house.

Cada hermana llenó una cesta de maíz. Aquella noche Rosa fue a la casa de Blanca. Blanca fue a la casa de Rosa. La noche estaba oscura. Las hermanas no se vieron cuando se cruzaron delante de la casa de su madre.

Rosa añadió su maíz al que estaba en la casa de Blanca. Blanca añadió su maíz al que estaba en la casa de Rosa.

The next day Rosa said, "*Híjole*! How can I have so much corn? Did each ear invite a friend to spend the night? I'll take some more corn to Mamá."

The next day Blanca said, "*Híjole*! How can I have so much corn? Did each ear get married and bring home a wife? I'll take some more corn to Mamá."

Their mother now had a very big pile of corn in her kitchen, but she shrugged and said, "Oh, well, you can never have too much corn."

Al día siguiente Rosa se dijo: —¡Híjole! ¿Cómo puedo tener tanto maíz? ¿Es que cada elote invitó a un amigo a pasar la noche aquí? Le voy a dar más maíz a mamá.

Al día siguiente Blanca se dijo: —¡Híjole! ¿Cómo puedo tener tanto maíz? ¿Es que se casó cada elote y trajo a casa a su esposa? Le voy a dar más maíz a mamá.

La mamá terminó con un montón bien grande de maíz en la cocina. Pero se encogió de hombros y dijo: —Bueno, no se puede tener demasiado maíz.

When the chiles turned red and hot on the plants, Rosa and Blanca helped each other with the picking.

Rosa took some of her chiles to her mother. "I'm going to give half of my chiles to Blanca," she said. "Don't say a word, Mamá."

Blanca took some of her chiles to her mother. "I'm going to give half of my chiles to Rosa," she said. "Don't say a word, Mamá."

Cuando los chiles se volvieron bien rojos y picantes en las matas, Rosa y Blanca se ayudaron con la pizca.

Rosa llevó unos chiles a su mamá. Dijo: —Le voy a dar la mitad de mis chiles a Blanca. No digas nada, mamá.

Blanca llevó unos chiles a su mamá. Dijo: —Le voy a dar la mitad de mis chiles a Rosa. No digas nada, mamá.

That night each sister filled a basket with chiles and started toward the other one's house. The night was dark. The sisters didn't see each other when they passed right in front of their mother's house. BUT…

Aquella noche cada hermana llenó una cesta de chiles y se encaminó a la casa de la otra. La noche estaba oscura. Las hermanas no se vieron cuando se cruzaron delante de la casa de su madre. PERO...

Suddenly, the sidewalk lit up like a thousand cameras all flashing at once. There were light bulbs in the trees. There were light bulbs in the bushes. There were light bulbs on the porch. Light came pouring out of the windows of the house.

And out of the door of the house came Mamá, banging the bottom of her posole pot with a big wooden spoon.

De repente la banqueta se iluminó como si mil cámaras soltaran su flash al mismo tiempo. Había focos en los árboles. Había focos en los arbustos. Había focos en el portal. Luz brillante salía de las ventanas de la casa.

Y de la puerta de la casa salió la mamá dándole al fondo de su posolera con una cucharona de madera.

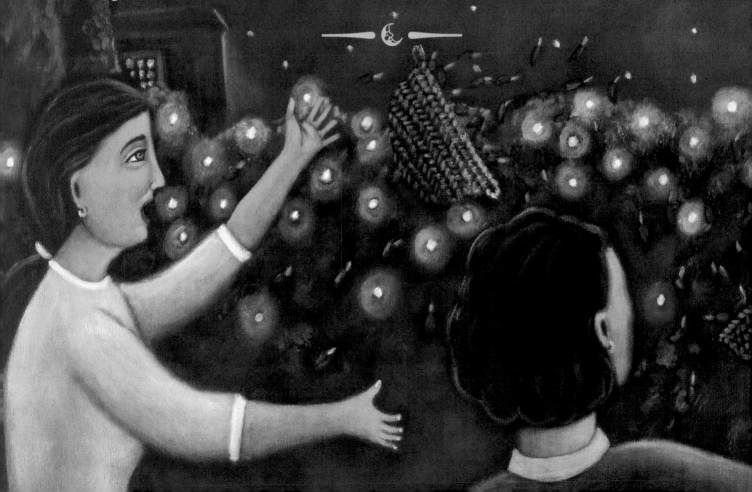

"*Híjole!*" said Rosa and threw up her hands.

"*Híjole!*" said Blanca and threw up her hands too.

Red chiles went flying in every direction.

Rosa said, "Mamá, what are you doing up at this hour of night?"

"And," asked Blanca, "why are you waking up the whole neighborhood with that racket?"

—¡Híjole! —gritó Rosa y tiró las manos al aire.

—¡Híjole! —gritó Blanca y tiró las manos al aire también.

Chiles colorados salieron volando a todos lados.

Rosa dijo: —Mamá, ¿por qué andas despierta a estas deshoras?

—Y —preguntó Blanca—, ¿por qué quieres despertar al vecindario con este escándalo?

"Well," said Mama, "I promised you both I wouldn't say a word, but I had to do something. You know, you can never have too many tomatoes, and you can never have too much corn. *But what was I going to do with all those hot chiles!*

"What are you talking about?" asked the sisters. And then each one noticed the other one's basket. They figured out what had been going on.

Rosa laughed and said, "Now I know why I still had so many tomatoes."

Blanca laughed and said, "Now I know why I still had so much corn."

—Bueno —les dijo la mamá—, les prometí a las dos no decir palabra, pero tenía que hacer algo. Porque ya saben que no se puede tener demasiados tomates y no se puede tener demasiado maíz. *Pero, ¡qué iba a hacer con tantos chiles picantes!*

—¿Qué quieres decir? —le preguntaron las hermanas. Y luego cada una se fijó en la cesta que llevaba la otra. Se dieron cuenta de todo.

Rosa se rio y dijo: —Ahora sé por qué me quedaron tantos tomates.

Blanca se rio y dijo: —Ahora sé por qué me quedó tanto maíz.

Mamá laughed and said, "And I know why I always say: My daughters are so good to each other! I must be the luckiest mama in town. No. I'm the luckiest mama in the country. No. I'm the luckiest mama in the whole wide world!"

Mamá se rio y dijo: —Y yo sé por qué siempre digo: "Mis hijas se tratan con tanto cariño. Creo que soy la mamá más afortunada del pueblo. No. Soy la mamá más afortunada del país. No. ¡Soy la mamá más afortunada de todo el mundo!"

Cover and book design by Antonio Castro H.

No part of this publication may be reproduced in whole or in part, or stored in a retrieval system,
or transmitted in any form or by any means, electronic, mechanical, photocopying, recording,
or otherwise, without written permission of the publisher. For information regarding permission,
write to Cinco Puntos Press, 701 Texas Avenue, El Paso, TX 79901.

Text copyright © 2013 by Joe Hayes.
Illustrations copyright © 2013 by Esau Andrade Valencia.
All rights reserved. Published by Scholastic Inc., 557 Broadway, New York, NY 10012,
by arrangement with Cinco Puntos Press.
Printed in the U.S.A.

ISBN-13: 978-1-338-12112-4
ISBN-10: 1-338-12112-X

5 6 7 8 9 10   40   25 24 23 22 21 20 19

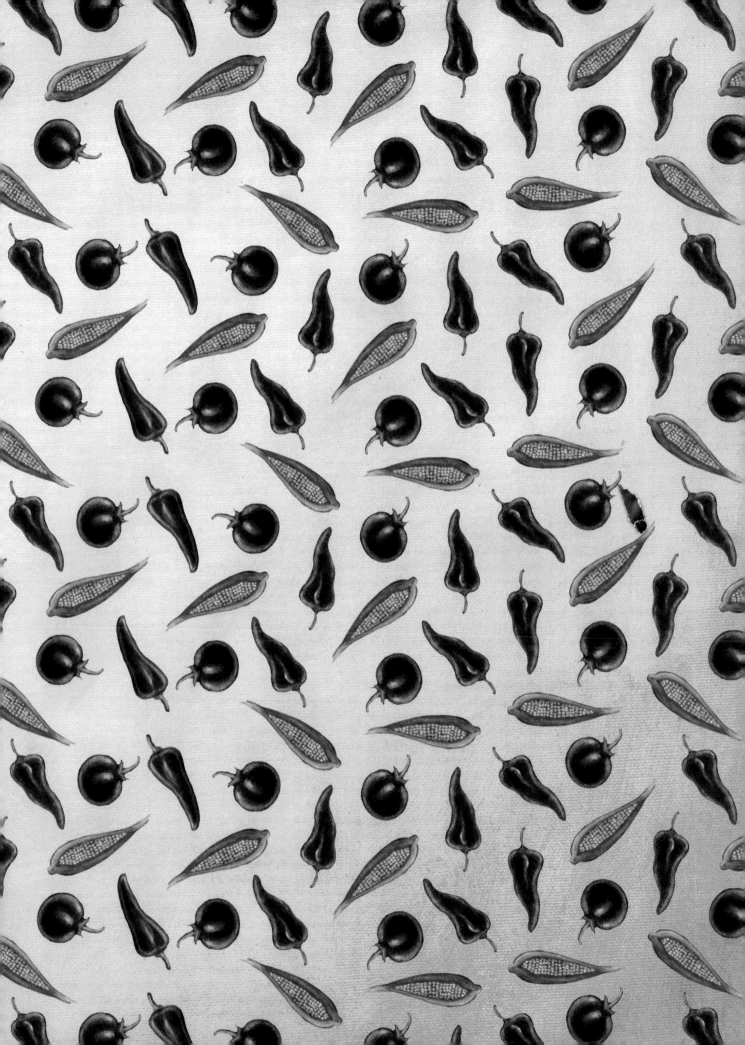